DE LA
CHAMBRE DES PAIRS

DANS LE

GOUVERNEMENT REPRÉSENTATIF.

PAR LE COMTE D'ALTON SHÉE,

PAIR DE FRANCE.

PRIX : 1 FRANC.

PARIS,

IMPRIMERIE D'ÉDOUARD PROUX ET Cᵉ,
RUE NEUVE-DES-BONS-ENFANS, 3.

1839.

DE LA CHAMBRE DES PAIRS

DANS LE

GOUVERNEMENT REPRÉSENTATIF.

De la question de l'hérédité dépend la réalité des trois pouvoirs, ou leur réduction à deux avec l'ombre et l'insignifiance d'un troisième.

(SIMÉON. *Discussion de l'art. 23 de la Charte en 1831, à la Chambre des Pairs.*)

Il ne peut y avoir, dans le principe de l'institution de la Chambre des Pairs, que deux garanties de l'action libre et forte de son pouvoir modérateur au sein de l'État.

La première serait le rétablissement de l'hérédité, dont l'institution seule donne le sentiment et la force de l'indépendance, et à celui qui transmet la pairie, et à celui à qui elle est transmise comme un droit.

La seconde consisterait à combiner pour la pairie une origine qui, en la faisant émaner à la fois et de l'élection populaire et du choix royal, la rendrait également indépendante de ces deux pouvoirs, par cela même qu'elle serait née de leur concours.

Exposer quelles sont les fonctions attribuées à la Chambre des Pairs dans le système actuel de notre constitution; montrer le vice organique qui la rend impuissante à les remplir ; chercher enfin le moyen de lui restituer l'indépendance et la force indispensables à chacun des trois pouvoirs de l'État ; tel est le plan et le but de cet écrit.

Toutefois, ce n'est qu'avec peine et après mûres réflexions, ce n'est qu'après avoir résolu toutes les objections, écarté tous les doutes qui se présentaient à son esprit, qu'un membre de la Chambre des Pairs a pu se décider à livrer à la publicité l'insuffisance d'un pouvoir dont lui-même fait partie. Aussi, avant de passer à l'examen de la situation politique de la pairie, avant même d'expliquer les fonctions qui lui sont réservées dans le gouvernement représentatif, il croit de son devoir de faire connaître par quel enchaînement logique il est arrivé à justifier à ses propres yeux l'utilité de cet examen.

Il s'est demandé d'abord si, bien que tout le monde pressente la faiblesse actuelle de la Chambre des Pairs, il n'y avait pas imprudence à la révéler tout entière, puisque c'est affaiblir encore un pouvoir que de pénétrer profondément les causes de sa faiblesse.

Mais il lui a semblé que cette pensée timide, ce silence respectueux que croyait souvent devoir garder un médecin par égard pour les susceptibilités du malade, prolongeait les maux et les rendait mortels pour les corps politiques comme pour les individus.

Il s'est préoccupé ensuite de la question d'opportunité

et a craint de manquer d'à-propos, en attirant les regards sur la Chambre des Pairs quand personne ne songe
à l'attaquer.

Mais il est demeuré convaincu que c'était précisément
parce qu'on ne l'attaquait plus, qu'il était urgent d'appe-
ler sur elle l'attention des esprits sérieux. En effet, ainsi
que sur les champs de bataille, on ne frappe pas les morts,
et l'on franchit avec indifférence les blessés et les mou-
rans pour combattre l'ennemi qui est encore sur pied ;
de même aujourd'hui, on voit en politique la royauté et
la Chambre des Députés laissant de côté un troisième
pouvoir qui s'efface, marcher l'une contre l'autre et lut-
ter ensemble pour l'extension et le maintien de leurs
prérogatives ! L'issue de cette lutte ne pouvait être long-
temps douteuse ; le corps électoral consulté vient de
trancher le différend. Enfin, de toutes parts, l'on espère
toucher au but de tant d'efforts, la réalité du gouvernement représentatif.

Mais pour arriver à cette réalité, il est évident qu'il faut
de fait aussi trois pouvoirs dans l'Etat, tous trois égal-
ment forts, indépendans, aptes par leur origine et leur
constitution à remplir les fonctions pour lesquelles ils
ont été institués.

Le moment est donc venu de fixer l'attention sur la
situation de la Chambre des Pairs, non pas seulement
dans l'intérêt personnel de ce corps politique, mais dans

l'intérêt des deux autres pouvoirs, aussi bien que de l'existence du gouvernement représentatif.

Il y a donc utilité à démontrer qu'une Chambre des Pairs indépendante est un élément indispensable de cette réalité du gouvernement représentatif que le pays appelle de tous ses vœux !

Il y a donc utilité à démontrer que cette condition de l'indépendance manque complètement à la Chambre des Pairs dans l'état actuel de la constitution. Que le pays légal lui a enlevé l'hérédité sans la remplacer par rien d'équivalent, et que puisqu'il n'a pas supprimé la pairie, la jugeant nécessaire, il lui doit les moyens de remplir ses fonctions.

Il y a d'autant plus utilité, on pourrait presque dire nécessité à traiter cette question, qu'à une époque où les principes de la constitution sont publiquement exposés et débattus avec tant de talent et de clarté, personne n'a encore essayé de la considérer dans toute son étendue et sous toutes ses faces.

Les uns, comme M. Duvergier de Hauranne, ont tracé un tableau admirable de la monarchie représentative, non telle qu'elle est, mais telle qu'elle devrait être. L'habile publiciste, par une crainte peut-être exagérée de porter atteinte à cette constitution, fruit de cinquante années de luttes incessantes, admet comme vrai ce qui n'est que désirable, et parle comme d'une chose

acquise (1), « de l'indépendance des trois pouvoirs et
» leur liberté d'action, chacun dans sa sphère ; » puis il
ajoute : « si pour simplifier on voulait en supprimer un, il
» y aurait dans notre organisation politique une lacune
» déplorable qui se ferait bientôt apercevoir par des em-
» barras de toute sorte et des déchiremens. » Mais, en
vérité, il ne suffit pas à un corps politique, pour être indépendant, d'être déclaré tel, et il est au moins douteux
que M. Duvergier, devenu pair, fût homme à se contenter du nom sans la chose , de l'apparence sans la réalité, de la qualification de pouvoir indépendant sans posséder ni indépendance ni pouvoir.

Par malheur pour la pairie, cet homme si plein de vie
politique, constant et courageux défenseur des droits
de la chambre élective, M. Duvergier de Hauranne est
député ; aussi comprendra-t-on facilement qu'absorbé en
entier par ses idées de résistance aux empiétemens de la
prérogative royale, il ait trouvé moins embarrassant de
considérer la Chambre des Pairs comme suffisamment
dotée d'indépendance par la Charte pour atteindre le
but de son institution.

D'autres, dans un intérêt opposé, feignent aussi de
croire à l'indépendance de la Chambre des Pairs ; ce
sont les organes du 15 avril. Voici pourquoi :

(1) *Des principes du gouvernement représentatif et de leur
application,* par M. Duvergier de Hauranne.

— « Dans un gouvernement représentatif (1), disent-
» ils, tout doit se résoudre à la majorité de deux pou-
» voirs contre un. La Charte veut la majorité dans les
» trois pouvoirs, c'est-à-dire la volonté de deux pouvoirs
» réunis, quels qu'ils soient, contre le troisième pouvoir
» quel qu'il puisse être ; ainsi la royauté et la pairie se
» trouvant d'accord contre la chambre élective, c'est à
» cette dernière à céder. » Mais qui espèrent-ils tromper avec un pareil sophisme? N'est-il pas évident qu'entre la royauté et la pairie viagère nommée et recom-
plétée à peu près annuellement par le Roi, il y aura toujours communauté d'opinions, accord inévitable, seule
et même volonté.

Vient enfin M. de Cormenin, l'héritier de Paul Cour-
rier, qui, après avoir déclaré qu'il n'est nullement auteur
ou collaborateur de la Charte de 1830, convient néanmoins qu'il peut encore s'en contenter si elle est bien
comprise et bien appliquée. Or, cet éloquent écrivain
ne trompe ni ne veut tromper personne. S'il se reconnaît
à peu près satisfait de l'état présent de la constitution,
c'est qu'il sait bien qu'avec l'extension qu'il voudrait donner à la prérogative parlementaire et une Chambre des
Pairs qui n'est plus, à ses yeux (2), « qu'une cour de jus-
» tice, une décoration de la Charte plutôt qu'une indispen-

(1) Journal *la Presse.*
(2) Cormenin, *État de la Question.*

» *sabilité*, » il aurait bientôt une république de fait avec l'apparence d'un gouvernement constitutionnel. Mais tant que la charte existera, tant que le nom, les apparences seront conservées, l'on aura le droit d'en réclamer la réalité ; car, à celui qui contesterait ce droit, l'on pourrait dire : « Ayez le courage de proclamer hautement le changement qui s'est opéré dans notre gouvernement, depuis que la Chambre des Pairs a été donnée en apanage à la royauté! Ayez le courage de dire que nous avons rétrogradé jusqu'à la monarchie pure, ou marché à la république avec un roi pour président, mais ne prononcez plus le nom de monarchie représentative. C'est mentir que de soutenir qu'il y a trois pouvoirs dans l'Etat, quand il n'y en a effectivement que deux; et ce serait un mensonge plus énorme encore de prétendre qu'il y en a trois s'il ne doit plus y en avoir qu'un.

Enfin, une dernière objection s'est présentée à son esprit, bien grave si elle était juste, à savoir, le reproche d'inconstitutionnalité.

« Faire un appel à l'opinion, vouloir prouver que la » constitution de la pairie est défectueuse et insuffisante, » par conséquent demander qu'on la change, c'est por- » ter atteinte à la Charte, c'est vouloir la révision de l'ar- » ticle 23. »

La réponse à cette objection se trouve dans les pièces officielles de la discussion de l'art. 23, en 1831.

Casimir Périer, chef du cabinet du 13 mars, avait in-
séré, dans le projet de loi destiné à remplacer l'article 23,
un paragraphe ainsi conçu : « Le présent article (il s'agit
» de celui qui supprimait l'hérédité) pourra être modi-
» fié à l'avenir. Néanmoins, aucune proposition à cet ef-
» fet ne sera soumise à l'examen d'une législature qu'au-
» tant que la législation précédente la lui aura déférée. »

Ce paragraphe fut rejeté à une grande majorité, et la
raison en est écrite dans le rapport de M. Bérenger. « La
» commission (disait son judicieux rapporteur), *y compris*
» *la minorité qui est pour l'hérédité*, refuse d'adopter
» l'article du projet de loi du gouvernement qui n'ad-
» mettrait pas l'article supprimant l'hérédité comme défi-
» nitif. Elle a été effrayée de cet état provisoire dans lequel
» continuerait d'être placé le corps de l'Etat, qui, par cela
» même qu'il est permanent, a besoin de plus d'indépen-
» dance. D'ailleurs, ne doutons pas que si un jour des
» besoins mieux sentis donnent au vœu national une au-
» tre direction, ce vœu trouvera dans les moyens *consti-
» tutionnels et légaux* la possibilité de se faire entendre ;
» *car c'est en vain qu'on prétendrait enchaîner l'avenir.*
» Dans la vie des Etats, chaque âge, chaque génération a
» ses nécessités auxquelles, il faut oser le dire, *les institu-
» tions elles-mêmes sont souvent forcées de céder.* »

Dès cette époque, l'on pensait donc que l'avenir ne
pourrait être enchaîné par la détermination qu'on allait

prendre, et qu'il serait toujours permis, après expérience, de revenir sur l'art. 23 de la Charte. Eh bien! huit ans se sont écoulés, l'expérience est faite, l'opinion publique a pu se dépouiller de bien des préjugés; il faut achever de l'éclairer en mettant sous ses yeux les résultats du mode déplorable de nomination adopté pour la Chambre des Pairs.

Si d'ailleurs, à l'appui de cette argumentation, il fallait citer des exemples et rapporter des précédens, l'on n'aurait qu'à choisir; car, depuis 1830, nous n'avons fait autre chose que toucher et retoucher la Charte.

Ainsi, sans parler de ces projets de loi monstrueux repoussés en 1837, malgré les efforts paternels de M. Molé, chef du cabinet du 6 septembre (1), ou abandonnés par lui en désespoir de cause comme chef du cabinet du 15 avril (2), ou cachés dès leur naissance comme trop horribles à voir (3), la législation de septembre ne fut-elle pas, sous l'administration du 11 octobre, et quoi qu'on puisse penser d'ailleurs de son utilité, une atteinte formelle portée à la constitution? Ces lois, à coup sûr, ne faisaient pas partie de celles promises en 1830 *dans le plus*

---

(1) Loi de disjonction.

(2) Loi d'apanage, non révélation.

(3) Projet de loi conçu par M. Molé et dirigé contre la liberté individuelle.

court délai possible, et dont plusieurs, soit dit en passant, sont encore à obtenir.

Enfin, si l'on porte ses regards vers l'avenir, il faut bien reconnaître que la réforme électorale (1), cette condition nécessaire de l'indépendance des électeurs et des députés tout ensemble; cette digue à élever contre la corruption ministérielle n'est encore qu'une révision de la loi du 19 avril 1831, amélioration, soit, mais en même temps, modification de la Charte.

Il y a donc légalité et justice à demander au pays, lorsqu'il a fortifié la royauté peut-être au-delà de ses besoins par les lois de septembre, lorsqu'il veut fortifier la chambre élective par la réforme électorale, de ne pas mettre en oubli le troisième pouvoir, et de le constituer de manière à assurer aussi son indépendance vis-à-vis des deux autres.

———————

Grâces aux publications de M. Duvergier de Hauranne, les principes du gouvernement représentatif sont maintenant mis à la portée de toutes les intelligences; sans

---

(1) Il est bien entendu que, par la réforme électorale, je ne veux nullement parler du vote universel, mais seulement d'un abaissement du cens, calculé dans de sages limites, qui par l'augmentation du nombre des électeurs rende presque nulle l'influence ministérielle, et mette un terme aux exigences individuelles des électeurs envers les candidats à la députation.

croire donc nécessaire de les exposer de nouveau, sans nous arrêter à la définition des trois pouvoirs représentant l'unité, la conservation et les progrès, nous arrivons de suite au sujet de cette brochure, c'est-à-dire l'exposé de la constitution de la Chambre des Pairs.

Les fonctions de cette Chambre dans le gouvernement représentatif sont au nombre de deux :

1° Elle est cour de justice et prononce sans appel dans les crimes de haute trahison et dans les attentats à la sûreté de l'État. Elle juge aussi les ministres mis en accusation par la Chambre des Députés.

2° Elle est puissance législative, exerçant, concurremment avec la Chambre des Députés et la Couronne, le droit d'initiative, concevant les lois ou les soumettant à un double examen. A l'abri des mandats impératifs, des considérations mesquines d'intérêt local, la Pairie voit de haut, examine les lois sous toutes leurs faces et avec une entière liberté.

Dans ces deux fonctions, son rôle politique est essentiellement modérateur; en se rangeant, soit du côté de la royauté, soit du côté de la Chambre des Députés, elle apporte un poids considérable dans la balance, et empêche entre les deux autres pouvoirs de l'Etat de dangereuses collisions. Si l'on vient à dire que la royauté, par une nomination de Pairs, la Chambre des Députés par le refus du budget, peuvent à la fin triompher de sa résistance, il est facile de répondre que ce sont là des moyens extrêmes, susceptibles d'ébranler le pouvoir même qui y a recours. Le premier ne saurait être souvent répété sans avilir la Pairie ; il est donc plus grave dans ses conséquences que la dissolution de la Chambre élective. Quant au second moyen, il n'a pas été mis en pratique jusqu'à ce jour.

Telles sont les fonctions attribuées à la Chambre des Pairs, dans l'esprit de notre Constitution. Mais pour que cette chambre soit apte à les remplir, la première condition est l'indépendance. Or, d'après l'article 23 de la Charte, cette condition lui manque essentiellement.

La nomination des Pairs appartient au Roi qui ne peut les choisir que parmi certaines notabilités, et dans certaines catégories. Ces catégories ne présentent qu'une seule garantie, à savoir : l'exclusion de tout homme encore jeune. Il est désormais impossible que le Roi, puisse choisir un homme de trente ans pour l'élever à la Pairie. Il est très difficile qu'il en trouve qui, à l'âge de quarante, aient rempli les conditions prescrites par la loi. Le nombre des hommes de cinquante ans, susceptibles d'être Pairs, est encore fort restreint. Mais parmi ceux de soixante ans, la prérogative royale commence à s'exercer avec une certaine latitude. Aussi, nonobstant une vingtaine de jeunes Pairs arrivés par l'ancien droit d'hérédité, il résulte des calculs les plus exacts, faits par M. le comte d'Argout, que l'âge moyen de la Chambre des Pairs était en 1838 de soixante et un ans, ce chiffre à l'avenir tendant toujours à s'élever.

Ici il est important de ne pas donner une fausse interprétation à notre pensée. Loin de nous est l'intention de tirer de l'âge des membres de la Chambre des Pairs une induction contraire à leur indépendance personnelle. Il est hors de doute qu'à soixante ans et même à quatre-vingts on peut être, tout aussi bien qu'à trente, gardien jaloux de l'honneur et des libertés de son pays. C'est donc par un tout autre motif que nous venons de constater l'âge moyen de la Pairie. En consultant les tables de mortalité, on voit que, sur trois cents hommes âgés de soixante et un ans, il en meurt, année commune, entre treize et quatorze (1).

Ainsi, non seulement au Roi seul, ou du moins à son ministère appartient la nomination à vie de tous les Pairs, mais, par la force même des choses, il peut, sans en augmenter le nombre, y introduire annuellement tantôt treize, tantôt quatorze membres, nouveau-nés des entrailles ministérielles. Voilà certes de belles garanties d'indépendance ! Mais ce n'est pas tout : lors de la dis-

(1) Sur 1,000,000 de naissances, 204,380 arrivent à l'âge de 61 ans, et 195,504 à 62 ans : il meurt par conséquent 9,326 individus par an ayant atteint 61 ans, ce qui nous donne à peu près 1 sur 22 ou entre 13 et 14 sur 300.

cussion de l'art. 23, à la Chambre des Députés, on a voulu comparer la Pairie à la magistrature, et à ceux qui déploraient le peu d'indépendance assurée aux membres d'une pairie viagère, l'on répondait : « Mais n'ont-ils pas » leur vie durant l'inamovibilité, et qui oserait dire que » notre magistrature, jouissant du même privilége, n'est » pas indépendante? » Il ne manque qu'une chose pour que la similitude soit exacte : c'est qu'un Pair, comme un magistrat, ne puisse être à la fois Pair et conseiller-d'Etat, Pair et général commandant une division, Pair et ambassadeur, Pair et préfet; en un mot, inamovible comme Pair et révocable comme fonctionnaire. Or, à moins que, par un décret qui serait absurde, on ne prohibe à la Pairie l'entrée et l'exercice de toutes les carrières, il faudra bien faire justice de cette prétendue garantie que l'on base sur l'inamovibilité.

Après avoir tenté de prouver que la Charte lui refuse toute condition d'indépendance, on ne lui en accorde que d'illusoires : il reste à démontrer comment la Chambre des Pairs, ainsi constituée, est également insuffisante comme cour de justice, et comme pouvoir législateur.

Examinons-la d'abord comme cour de justice.

S'agit-il de juger un attentat contre la sûreté de l'Etat? La royauté peut, au moyen de nominations *d'occasion*, ériger la Cour des Pairs en une sorte de commission prévôtale. Faut-il prononcer sur le sort des ministres mis en jugement par la Chambre élective? Comment alors ne pas redouter l'indulgente partialité d'un corps annuellement complété par des levées ministérielles?

Le vice de son organisation enlève à la Chambre tout *crédit* comme puissance législative.

En effet, s'il est douteux qu'une Chambre ainsi nommée puisse jamais, dans les questions de législation qui ont une tendance politique, penser autrement que le veut la couronne, il serait dérisoire de compter sur une résistance efficace et soutenue de la part de cette Chambre contre les exigences d'un pouvoir dont elle émane uniquement. De là il résulte que, lors même que le rejet d'une loi est l'effet d'une conviction sincère, la Pairie n'en demeure pas moins en butte à l'accusation calomnieuse d'agir de connivence avec le ministère, et sa décision est sans valeur morale.

Mais c'est surtout dans son rôle de pouvoir modérateur, ce contrepoids indispensable du gouvernement représentatif, que pour tous son insuffisance devient chaque jour plus évidente.

Qu'on veuille bien supposer un instant que sur le trône se trouve placé un roi faible et indolent; de plus ce roi est aidé par un ministère incapable, ou qui, par une lâche trahison, se sent disposé à sacrifier la prérogative royale à l'omnipotence parlementaire. Qu'on se figure en même temps une Chambre des Députés remuante, avide de nouveautés politiques, unanime quand il s'agit de conquérir, et guidée par des chefs pleins d'audace et de talent.

Qui arrêtera le pouvoir électif dans sa marche? Qui défendra la royauté, dans le cas où celle-ci ne saurait ou ne pourrait se défendre elle seule? Qui empêchera le retour d'une autre assemblée constituante, ou même d'une nouvelle Convention? Sera-ce la Chambre des Pairs? Mais elle ne le peut qu'à la seule condition d'être indépendante d'origine, et surtout de ne pas devoir son existence individuelle au pouvoir qu'elle veut soutenir. Or, si la Chambre actuelle tentait, dans des circonstances semblables, de jouer ce rôle de pouvoir modérateur, n'aurait-on pas le droit de lui dire : « Créature du roi, œuvre » du ministère, où sont les garanties de votre libre arbitre? » De quel droit vous constituez-vous juge entre la cham-» bre élective et la royauté? N'êtes-vous pas le bras qui » défend la tête? n'êtes-vous pas le fils qui vient au se-» cours de son père? Et devant les tribunaux ordinaires, » ne récuse-t-on pas pour juge tout parent, ami ou allié » d'une des parties. »

Ainsi se trouverait annulée sa force de résistance.

Que si vous retournez la supposition, imaginez un roi qui, après avoir fait de la pairie une annexe de sa puissance, ne trouvant plus debout en face de lui qu'un seul pouvoir, cherche à le renverser ou du moins à le forcer de n'être plus qu'une imitation du Corps Législatif sous l'empire. Donnez à ce roi ambition, force, habileté ; imaginez-le préoccupé des souvenirs de Louis XIV et de Napoléon ; s'appuyant, à l'extérieur, sur l'alliance et le concours des gouvernemens absolus, à l'intérieur, sur une armée commandée par ses fils, ses aides-de-camp ou ses courtisans ; ajoutez encore, pour rendre la supposition plus plausible, un ministère dévoué, servile, corrompu, corrupteur, trop compromis pour qu'aucun scrupule l'arrête désormais dans ses voies; faisant appel, pour réussir, aux intérêts les plus bas, aux passions les plus viles ; la cupidité et la peur.

Eh bien ! le corps électoral consulté, cède à tant de fraudes et de ruses, il envoie, dans son erreur, une Chambre dont la majorité est acquise au ministère. La minorité, achetée homme à homme par ce dernier ou intimidée par les clameurs des centres, garde le silence. C'est alors que vous regretterez d'avoir donné les mains à cette loi qui asservit la pairie; car, les choses arrivées à ce point, vous n'aurez plus d'autre alternative qu'entre le despotisme ou une révolution.

Sans doute il y a témérité à oser former une telle supposition dans un moment où les électeurs viennent de prouver si bien leur indépendance; mais tout éloignée que cette supposition soit de la réalité, en ce qui regarde la couronne et la chambre élective , il est utile cependant que le pays sache à quoi l'expose , dans un cas possible, la loi constitutive de la pairie , afin qu'il se hâte d'en demander le changement.

———

Après avoir fait connaître toutes les mauvaises conséquences attachées au maintien de l'article 23 de la Charte, tous les dangers auxquels il soumet tour à tour et la prérogative royale et la prérogative parlementaire , il reste à formuler comment pourrait être corrigé régulièrement le vice actuel de la Charte. Malgré les difficultés que présente cette partie de notre travail, cependant, sur ce point même, nous exprimerons nos idées avec une entière franchise. Il ne sera pas inutile de jeter d'abord un coup-d'œil sur l'histoire de la pairie depuis 1814.

La pairie de 1814 était viagère. Bientôt Napoléon , de retour de l'île d'Elbe , ressaisit le pouvoir et sentit le besoin, pour le conserver, de donner à la France des institutions libérales. Son premier acte fut de rendre au sénat son indépendance , en le rendant héréditaire par l'art. 3 de l'acte additionnel du 22 avril 1815.

Après la catastrophe de Waterloo, Louis XVIII, redevenu roi de France, voulut aussi donner des gages d'une administration désormais , dit-il , plus libérale. A cet effet il conféra, par l'ordonnance du 19 août 1815, l'hérédité à toutes les pairies viagères.

A peine (1) la Chambre possédait-elle ce gage d'indépendance, qu'elle s'opposa avec énergie à l'esprit réac-
tionnaire de la Chambre *introuvable.* Elle rejeta le projet
de loi électorale, adopté par cette dernière. Elle repoussa
de même la résolution qui tendait à priver de l'inamovibilité pendant une année les juges qui seraient désormais
nommés.

Plus tard, en 1820, elle fit des amendemens impor-
tans à la loi proposée sur les journaux, reconnut à ceux
alors existans le droit de paraître sans autorisation, et re-
fusa d'accorder pour cinq ans la censure qu'elle ne pro-
longea que jusqu'à la fin de la session.

En juin 1824, elle rejeta, malgré les efforts de M. de
Villèle, la loi sur la conversion des rentes, présentée par
celui-ci comme ministre.

En juillet suivant, elle rejeta également le projet tendant à autoriser les communautés religieuses de femmes,
à acquérir et à posséder; elle modifia le projet sur le sa-
crilége, en y attachant habilement une définition qui
rendait l'application de la loi presque impossible.

En 1826, elle repoussa successivement le projet de
loi par lequel on essayait de porter atteinte à l'institution
du jury, en supprimant dans certains cas sa participa-
tion; le rétablissement du droit d'aînesse, et les mesures

(1) Voyez le beau rapport de M. Bérenger, en 1831.

proposées pour restreindre l'indépendance des écoles se-
condaires de médecine.

En 1827, elle accueillit la pétition de M. le comte de
Montlosier, relative aux jésuites, et en ordonna le ren-
voi au président du conseil; quelques mois plus tard, un
projet de loi sur le jury lui donna occasion d'asseoir so-
lidement nos libertés, en introduisant dans notre système électoral la permanence des listes et les améliora-
tions auxquelles on a dû les élections de 1828.

Dans la même année, elle força le ministère à retirer
son projet de loi sur la police de la presse, et contribua
puissamment à la chute de ce cabinet, hostile à nos libertés.

Une nomination de soixante-seize pairs n'eut pas
même l'effet de changer la majorité, et le ministère
tombé, en prenant place dans la Chambre, ne put s'opposer avec succès aux projets de lois présentés par un
ministère réparateur.

Tels sont, en résumé, les services qu'elle rendit sous
la Restauration, comme Chambre, à la cause de l'indépendance. Sans doute elle ne fut point infaillible;
elle vota des lois dont l'expérience a démontré les funestes tendances, telles que le double vote et la septen-
nalité; mais le plus souvent, remplissant son rôle de pouvoir modérateur, elle sut, comme en 1815, résister,
d'accord avec la royauté, à l'esprit contre-révolution-

naire de la Chambre élective, ou, d'accord avec la Chambre des Députés, s'opposer, comme en 1827, aux envahissemens du pouvoir royal. Quelquefois même on la vit, dernier refuge de nos libertés menacées, repousser par son véto des lois qui avaient été présentées par la couronne et approuvées par l'autre Chambre.

De l'ensemble de ces faits il serait permis de conclure que, si l'hérédité n'eût pas existé avant 1830, elle aurait dû être réclamée à cette époque, pour la pairie, comme la meilleure garantie de son indépendance. Malheureusement l'hérédité ne fut envisagée que comme un privilége concédé par la Restauration, dans le seul but de fonder une aristocratie nouvelle; et les souvenirs irritans de la condamnation d'un illustre maréchal, en 1815, aussi bien que la funeste inaction de la Chambre des Pairs au milieu des événemens de 1830, achevèrent de fausser la direction des esprits.

A ces causes, qui amenèrent le sentiment général répulsif de l'hérédité, il faut joindre des motifs particuliers à certaine fraction de la nation, ou à certain pouvoir de l'État.

Les républicains croyaient voir, dans la suppression de l'hérédité de la pairie, un premier pas vers la suppression de l'hérédité de la couronne ; ils pensaient d'ailleurs qu'en annulant un des trois pouvoirs de l'Etat, les deux autres se trouveraient en présence sans intermédiaire, et qu'ils ne tarderaient pas à en venir aux mains.

De son côté la royauté, ou du moins les ministres chargés de protéger ses intérêts, trouvèrent avantageux pour elle, de n'avoir plus qu'un pouvoir à combattre, tandis que l'autre deviendrait forcément son inséparable auxiliaire. Aussi ne tentèrent-ils aucun effort en faveur de l'hérédité, satisfaits, suivant l'expression de Casimir Périer, *de n'avoir pas failli à la défense de la prérogative royale.*

Comme ce penchant à l'envahissement pourrait sembler peu probable de la part d'une royauté qui, à cette époque, était menacée chaque jour dans son existence même, il est nécessaire de justifier notre opinion par quelques preuves à l'appui. Les citations suivantes démontreront du moins qu'elle n'est pas née d'hier, et qu'elle a été partagée de bonne heure par des esprits clairvoyans.

M. le duc De Cases, rapporteur de la commission chargée de réviser l'art. 23, disait, en s'adressant à la Chambre : « Que l'hérédité donne plus d'indépendance » à la pairie, personne n'a songé à le contester ; qu'elle » soit sous ce rapport une puissante garantie, la raison le » dit et les faits le prouvent ; que la destruction de cette » garantie soit sans utilité pour les libertés et *pour la cou-* » *ronne elle-même qui seule, pourtant, pourrait croire y ga-* » *gner en pouvoir ce qu'elle y perd en stabilité,* votre com- » *mission a été unanime à le penser.* »

Plus tard, dans la discussion du projet de loi, M. le duc de Coigny reprochait ainsi au ministère son indifférence et son abandon : « Ne savons - nous pas tous que » la presse ne cesse, depuis quinze mois, de présenter » sous le jour le plus odieux un principe conservateur » dont, je le dis à regret, aucun organe du gouvernement » ne daignait prendre la défense. *Non, dans mon opinion,* » *les ministres n'ont pas fait tout ce qu'ils pouvaient faire* » *en faveur d'une cause qu'ils ont noblement avouée lors-* » *qu'ils la jugeaient perdue;* mais qu'il eût été plus sage » et plus utile de défendre lorsqu'elle réclamait leur ap- » pui. Si, négligeant moins long-temps ces moyens d'ac- » tion légitimes qui sont toujours au pouvoir des gou- » vernemens, MM. les ministres du roi eussent employé » l'intervalle des sessions à combattre à l'aide de la presse » les funestes erreurs qu'elle propageait......, nous n'en » serions pas tous aux regrets d'avoir vu cette immense » question enlevée avant toute discussion dans les col- » léges électoraux. » Il ne peut entrer dans la pensée de personne de suspecter les intentions qui ont dicté ces paroles; il est connu de tout le monde que M. le duc de Coigny était dès-lors un ami sincère autant qu'éclairé de la dynastie et même du ministère.

Or, que répondrait ce ministère à de telles accusations? (1) « Il n'avait eu, disait en son nom M. de Mon-

(1) Discussion de l'hérédité, M. de Montalivet, pag. 121.

» talivet, que deux partis à prendre dans cette grave
» question. Il devait, ou se prononcer hautement pour
» l'hérédité de la pairie, y associer son existence, en faire,
» en un mot, une question de cabinet; ou bien isoler la
» question de son système, et la livrer à l'opinion publi-
» que, *pure de toute intervention ministérielle.* Choisir le
» premier parti, c'était à l'avance la rendre impopulaire,
» c'était ameuter contre l'hérédité les ennemis du gouver-
» nement, et mettre les passions à la place des argumens;
» il avait donc été réduit à adopter le second. »

Et depuis quand un cabinet né de la majorité parlementaire a-t-il pu croire, que la manifestation de ses sym-
pathies et de ses convictions sur une question, devait né-
cessairement amener le pays à adopter en masse l'opinion contraire? Comment imaginer que cette majorité
qui l'a porté au pouvoir comme expression de sa pensée
politique, se séparerait de lui quand, plus tard, conformé-
ment à cette pensée, il soutiendrait de son loyal appui
tel ou tel projet de loi? D'où pouvait lui venir cette as-
surance à nier l'utilité de ses efforts, lui qui n'en avait
tenté aucun? Est-il supposable que M. Barthe, et M. de
Montalivet surtout, devenu depuis si habile dans le ma-
niement des fonds secrets, ignorassent à cette époque
l'usage qu'on peut en faire; que les subventions aux journaux officiels et semi-officiels, les secours à la presse mo-
dérée, les achats de feuilles hostiles ou de consciences

mal disposées, leur fussent parfaitement inconnus? De bonne foi, tout cela n'est guère admissible. Il faut donc reconnaître, ainsi que nous le disions d'abord, qu'en n'employant aucun des moyens qu'il avait entre les mains pour diriger l'opinion, le cabinet du 13 mars agissait dans un intérêt tout personnel à la royauté.

A ces adversaires, intéressés par différens motifs à la suppression de l'hérédité, s'en joignaient d'autres qui, n'obéissant qu'à une conviction sincère, et purs de toute arrière-pensée, méritent une place à part dans cette nomenclature.

Une grande fraction du monde politique, ayant en tête des notabilités parlementaires telles que MM. Barrot, Lamarque, Salverte, Mérilhou, etc., et soutenue de l'adhésion presque unanime de la presse, regardait comme une fâcheuse contradiction, avec l'esprit d'égalité qui anime la France, le maintien du privilége héréditaire. Elle pensait pouvoir, par différens moyens, soit l'élection simple ou combinée, soit l'élection avec candidature, soit enfin la nomination d'un nombre limité de Pairs, choisis, moitié par le roi, moitié par le corps électoral, remplacer utilement pour la pairie, la garantie d'indépendance dont elle demandait la suppression.

Ces systèmes, malheureusement fort nombreux, différaient sur bien des points. Mais, dès à présent, le fait important à constater, celui qui domine la question,

c'est que tous avaient pour but commun d'assurer l'indépendance de la Chambre des Pairs, de substituer un
équivalent à l'hérédité; en un mot, de détruire pour fonder. Mais il n'était évidemment dans la pensée d'aucun
de leurs adhérens de livrer la Pairie à la discrétion du
pouvoir royal.

C'est sous cette influence générale d'antipathie contre
un privilége dont le ministère, moins que personne,
cherchait à démontrer les avantages, que se firent les
élections de 1831.

Chacune des opinions ci-dessus exprimées eut ses re-
présentans à la Chambre; toutefois, pour compléter le
tableau, il faut encore citer une dernière catégorie, com-
posée des Députés qui, ayant abdiqué leur libre arbitre,
arrivèrent chargés de mandats impératifs pour l'abolition
de l'hérédité.

Dès le 17 août, M. de Salverte proposa un projet de
révision de l'article 23; cependant le projet du ministère,
présenté le 27 par Casimir Périer, lui fut préféré. En
voici la teneur :

§ Ier. « La nomination des membres de la Chambre
» des Pairs appartient au roi;

» 2. Leur nombre est illimité;

» 3. La dignité de Pair est considérée à vie; elle n'est
» pas transmissible par voie d'hérédité;

» 4. Toutes dispositions contraires sont et demeurent » abrogées. »

« ARTICLE ADDITIONNEL. Le présent article pourra être modifié à l'avenir. Néanmoins aucune proposition à cet effet ne sera soumise à l'examen d'une législature qu'autant que la législature précédente la lui aura déférée. »

Une commission fut nommée, et, le 19 septembre, M. Bérenger lut, au nom de cette commission, un rapport aussi remarquable par la netteté des vues que par l'élévation des idées.

Le projet de la commission ne s'écartait de celui du ministère que sur un seul point; il imposait à la royauté l'obligation de n'élire à la Pairie que des hommes remplissant certaines conditions de place ou de fortune. C'est ce qu'on a appelé depuis l'adjonction des catégories, à laquelle, du reste, le ministère déclara donner son assentiment.

Bientôt s'ouvrit la discussion générale. Plus de trente orateurs furent entendus de part et d'autre. Il serait beaucoup trop long et d'ailleurs tout-à-fait superflu pour le but de cet écrit, de donner une analyse de tous ces discours. Qui ne sait, du reste, les admirables plaidoyers de MM. Thiers et Guizot, Royer-Collard et Berryer, en faveur de l'hérédité mourante ?...

Qui ne se rappelle les terribles coups qui lui furent portés par M. Barrot, mais surtout les preuves exposées par lui, avec tant de force et de talent, de la nécessité

de remplacer l'hérédité par un mode de nomination qui
« rendît la Pairie le produit direct ou indirect, complet
» ou non complet, des pouvoirs municipaux répandus sur
» toute la surface du sol? »

Qui ne se souvient enfin des stériles regrets de Casimir Périer pour la Pairie qu'on sacrifiait, ainsi que de
son habileté à se saisir de ses dépouilles au profit de la
royauté ?

Au moment de passer à la discussion des articles, un
débat s'éleva sur l'ordre qui devait en régler la délibéra-
tion.

M. Mérilhou et quelques autres orateurs hostiles à
l'hérédité, demandèrent que le § 3 ainsi conçu : « La
» dignité de Pair est conférée à vie; elle n'est pas trans-
» missible par voie d'hérédité, » obtînt la priorité dans la
discussion. C'était un moyen sûr de rallier contre les amendemens qui proposeraient de la maintenir, tous ceux qui
voulaient remettre au Roi seul la nomination d'une pairie
viagère; l'honorable M. Mérilhou espérait en outre, une
fois ces amendemens rejetés, ramener à son système d'é-
lection combinée tous ceux qui n'auraient voté l'hérédité,
que comme garantie d'indépendance pour la Chambre
des Pairs.

Après une lutte assez prolongée, l'opinion de M. Mérilhou prévalut, et, contrairement à l'ordre du projet, on
délibéra d'abord sur le § 3.

Toutefois cette combinaison fut loin d'avoir le succès

qu'en attendaient ses auteurs. Elle réussit, il est vrai, à faciliter le rejet des amendemens de MM. Jay et Enouf, qui conservaient l'hérédité; mais elle fut impuissante pour faire adopter ceux qui, proposant un mode quelconque d'élection combinée, étaient destinés à être mis en sa place.

Ce qui fit échouer cette combinaison, est que, d'une part, presque tous les défenseurs de l'hérédité, une fois battus sur cette question, préoccupés uniquement d'affermir la couronne qui leur semblait menacée, ne trouvèrent rien de mieux que de remettre entre ses mains la nomination des membres de la Chambre des Pairs.

D'autre part, il arriva que les Députés chargés par les électeurs de mandats impératifs, mandats qui, dans la pensée de ceux qui les avaient donnés, n'avaient certes pas pour but d'échanger l'hérédité contre la nomination simple par le Roi; il arriva, disons-nous, qu'un grand nombre de ces Députés se contentèrent, par une espèce de capitulation de conscience, d'exécuter la lettre de leurs engagemens, et en négligèrent complètement l'esprit.

Si de plus on tient compte de la quantité de systèmes, offrant des combinaisons diverses d'élection avec ou sans candidature, et conséquemment de tous les amours propres blessés par des rejets successifs, il sera facile de comprendre comment l'amendement présenté au nom d'une quinzaine de membres par M. Mérilhou, le seul qui ait été sérieusement discuté, fut repoussé cependant à une majorité de vingt-huit voix.

Ainsi, comme cela n'arrive que trop souvent dans les assemblées délibérantes, la majorité, après avoir renversé l'hérédité, eut peur de son œuvre. Elle s'arrêta à moitié chemin ; et, au lieu d'adopter, pour la nomination à la pairie, une combinaison de l'élection et de la candidature, qui eût continué d'assurer d'une seconde manière l'indépendance de ce corps politique, elle concéda précipitamment au roi ce droit de nomination, en y ajoutant l'inutile et fâcheuse entrave des catégories.

Il serait superflu de s'étendre sur la discussion, article par article, de ces catégories : déjà nous avons cherché à prouver qu'elles gênaient le roi dans ses choix, sans offrir en compensation aucune garantie d'indépendance. Les autres paragraphes furent adoptés, et l'article additionnel supprimé, ainsi que la commission le demandait.

La Chambre des Pairs, mutilée, en 1830, par l'exclusion des quatre-vingt-dix membres nommés sous Charles X ; surchargée au moment de prononcer sur la question de l'hérédité, de vingt-six nouveaux membres, accepta, à une majorité de dix-sept voix, et malgré les nobles efforts de tant d'illustres orateurs, le projet de loi tel qu'il lui avait été renvoyé par la Chambre des Députés.

Ici s'arrête l'analyse rapide et bien incomplète du rôle

politique qu'a rempli la Chambre des Pairs, depuis 1814
jusqu'à la suppression de l'hérédité en 1831. Après l'a-
voir parcourue, il est facile de prévoir quel est, pour
l'article 23 de la Charte, le changement à demander.

En résumé, nous avons d'abord cherché à démontrer
la nécessité d'une pairie indépendante, pour arriver à
la réalité du gouvernement représentatif. Nous avons ensuite essayé de prouver qu'avec l'article 23 de la Charte,
tel qu'il a été revisé en 1831, il ne pouvait y avoir pour
la Chambre des Pairs ni force ni indépendance. Enfin,
retraçant les services qu'elle a rendus sous la Restauration, lorsqu'elle possédait l'hérédité, nous avons tenté
d'expliquer par quel fâcheux concours de circonstances
cette hérédité lui avait été enlevée, sans qu'on mît en sa
place aucun équivalent.

A nous n'appartient pas de formuler le projet de loi
destiné à remplacer l'art. 23 ; nous laissons cette tâche à
de plus capables et de plus dignes, nous réservant toutefois d'y prendre part active quand la question sera portée
devant les Chambres.

En attendant, ce que nous pouvons dire avec la conviction la plus profonde, c'est qu'il ne peut y avoir dans
le principe de l'institution de la Chambre des Pairs, que
deux garanties de l'action libre et forte de son pouvoir
modérateur au sein de l'Etat.

La première serait le rétablissement de l'hérédité,

dont l'institution seule donne le sentiment et la force de l'indépendance, et à celui qui transmet la Pairie, et à celui à qui elle est transmise commme un droit.

La seconde consisterait à combiner pour la Pairie une origine, qui, en la faisant émaner à la fois et de l'élection populaire et du choix royal, la rendrait également indé-pendante de ces deux pouvoirs, par cela même qu'elle serait née de leur concours.

En effet, demander pour la Pairie une origine pure-ment élective, ce serait faire une seconde Chambre des Députés ; ce serait créer une sorte de chambre de révi-sion, suffisante peut-être dans la confection des lois spé-ciales, mais incapable de remplir les fonctions de pou-voir modérateur.

Continuer la nomination directe par le roi, avec ou sans catégorie, c'est faire de la Pairie un instrument passif en-tre les mains de la royauté ; c'est renoncer au gouverne-ment représentatif, et reconnaître tacitement qu'il est dé-sormais impossible en France.